VIA FOLIOS 66

Dark Room

Camera oscura

Dark Room

Paolo Ruffilli

translated into English by

Emanuel Di Pasquale

Bordighera Press

Library of Congress Control Number: 2011913656

Printed in the United States.

Published by
BORDIGHERA PRESS
John D. Calandra Italian American Institute
25 W. 43rd Street, 17th Floor
New York, NY 10036

VIA FOLIOS 66
ISBN 978–1–59954–021–4

for my father and my mother

❖

per mio padre e mia madre

"For you, it's nothing but an
unimportant photo, one of
thousands of manifestations of
something ordinary; it cannot in fact
be the visible object
of a science; it cannot establish
an objectivity, in the positive sense
of the term; on the contrary, it
could interest your
studium: epoch, clothes,
photo-geniality, but for you,
in itself, there would not
be any wound."

— R. Barthes, *The Bright Room*

"Per voi, non sarebbe altro
che una foto indifferente, una
delle mille manifestazioni del
qualunque; essa non può affatto
costituire l'oggetto visibile
di una scienza; non può fondare
un'oggettività, nel senso
positivo del termine; tutt'al
più potrebbe interessare il vostro
studium: epoca, vestiti,
fotogenia; ma per voi,
in essa, non ci sarebbe
nessuna ferita."

— R. Barthes, *La camera chiara*

Perhaps because
in the box of photos
by agreement
the scream is mute and
the flow is blocked
in the suspended
evolution in front and back.
All has already happened
with minimal detachment,
the valued and the damaged
placed under glass.
The living are dead:
caught in absence
of statute, in the act
of descending without ports
but with their partings
and its arrivals.
Living dead.

Forse, perché
nel pacco delle foto
per convenzione
l'urlo è muto e
sta bloccato il corso
nella sospesa evoluzione,
avanti e indietro.
Tutto è già accaduto
e viene lì accertato
con minimo distacco,
i pregi e i torti
posti sotto vetro.
I vivi sono morti:
colti in assenze
di statuto, nell'atto
di discesa senza porti
ma con le sue partenze
e i suoi arrivi.
Morti vivi.

Dark Room

Camera oscura

"The historical element, in things, is
But the expression of past suffering"
—T.W. Adorno, *Minima moralia*

"Beyond love, beyond hate, beyond death,
That which interests us resists"
— F. Nietzsche, *So Spoke Zarathustra*

the shadow of the face
the reflected image
the wave that follows
the imprint ending up
under the glass...
the projection of a
life that precedes it
by remaining behind

the cipher given
and lost, mysteriously,
of being on
horseback, inside and
out: the ego dominated
by an absolute
and unconcerned within...
the traces of a
discourse lost within
itself, fallen
on the slope of
thunderstruck time

"L'elemento storico, nelle cose, non è che
l'espressione della sofferenza passata"
— T.W. Adorno, Minima moralia

"Oltre l'amore, oltre l'odio, oltre la morte,
resiste ciò che ci interessa"
— F. Nietzsche, Così parlò Zarathustra

l'ombra del volto
l'immagine riflessa
la scia che si succede
l'impronta finita
sotto vetro...
la proiezione di una
vita che la precede
rimanendo indietro

la cifra data
e persa, misteriosa,
di un essere a
cavallo, dentro e
fuori: l'io dominato
da un intero assoluto
e indifferenziato...
le tracce di un
discorso in sé smarrito
perduto, scivolato
sul pendio del
tempo fulminato

*
The object that is
offered to the lens
rushed and detached.
Put to death,
nevertheless, suspended there
for a designed,
indefinite time, an absurdity,
in its being outstretched.
The missed action.

1

(The Charleston
flowers of paillette
and fringe of beads
over naked legs.
The décolleté slippers
with ribbon.
One hand on the side
and the other holding
the hair behind the neck.
The lips tight,
heart-shaped.
Signed, below, at the margin:
Wanda of Love.
The 2 of 7 of `38.)

Curtain raising soubrette
of lowest order
theaters
more attentive to her twenties'
full-bodied form
than to art.

*
L'oggetto che si è
offerto all'obiettivo,
premuto e distaccato.
Messo a morte,
eppure lì sospeso
a tempo indefinito
disegnato, per assurdo,
nel suo essere proteso.
L'atto mancato.

1

(Il charleston di raso
con fiori di paillette
e frange di perline
sulle gambe nude.
Le scarpine décolleté
col nastro.
Una mano sul fianco
e l'altra a reggere
i capelli dietro al collo.
Le labbra strette,
a cuore.
Firmato, sotto, il bordo:
Wanda Dell'Amore.
Il 2 del 7 del '38.)

Soubrette di avanspettacolo
di piccoli teatri
di quart'ordine
attenti più che all'arte
alle sue forme piene
dei vent'anni.

For the rest, satisfied
in her well-liked
body. "I have given
and loved much,
but I have also had much."

One who has been
beyond the wrongs
and betrayals paid
on the skin, happy
in her clothes and
worn-out. With regret
that each thing, encounter
takes away a gram
filing each day
digging, like water,
the surrounding emptiness.

2

(Already dressed
in black, her look
dignified, leans over
takes the child
by the hand, who
sideways, in a white
cloak with a strange
clock-like collar,
tiptoes and
asks, with a contrary
look, to be
left alone.)

Del resto, soddisfatta
del corpo che è
piaciuto. "Ho dato
e amato tanto,
ma ho anche avuto."

Di chi è stato
al di là dei torti
e degli inganni pagati
sulla pelle, felice
nei suoi panni e
consumato. Col rimpianto
che ogni cosa, incontro,
tolga un grammo
limando ogni giorno
scavando, come l'acqua,
il vuoto intorno.

2

(Vestita già
di nero, lo sguardo
altero, china
piglia per la mano
il bambino che
di fianco, in grembiule
bianco con uno strano
collo a mantellina,
punta il piede e
chiede, con occhio
contrariato, di
essere lasciato.)

Having made herself
daughter of her son,
she is heavy on his arm
now. She entwines him.
Turned little again
bony and wan,
yet deferring
to him who has been
the beloved fruit,
the field and object
of a relentless
and solitary life.

She who gave
herself to work,
enthralled
to her own needs.
Having become mistress
and bloodsucker: the ivy
that fenced him and
consumed him.

Wrinkle after wrinkle
shut-in, dried up,
shriveled.

3

(In the perforated organza
dress, she
poses on a
small sofa.
An arm is
let go
almost falling.
Holds her chin
with her hand.
Under her bangs,
fixes her black eyes
far away.)

Fattasi figlia
di suo figlio,
gli pesa in braccio
ora. Lo attorciglia.
Ridiventata piccola
ossuta e smunta,
eppure dilatata
su lui che è stato
il frutto amato
il campo e l'obiettivo
di una vita accanita
e solitaria.

Lei che si è
data a lavorare,
da sé asservita
ai suoi bisogni.
Diventata padrona
e sanguisuga: l'edera
che lo ha recinto
e consumato.

Ruga dopo ruga
ristretta, disseccata,
incartapecorita.

3

(Nell'abito di organza
traforato, sta
in posa su di un
piccolo divano.
Un braccio è
abbandonato
sul punto di cadere.
Sostiene il mento
con la mano.
Sotto la frangia,
fissa in lontananza
gli occhi neri.)

Quickly aged
by her job,
on a chair in the shadows
of the room,
wearing her hat
all day,
she sang low, lost
in her song,
the same refrain
"The airborne falconet
falls on earth
in one instant."

Star, splendor, comet,
silver arrow.
Even the luminous
trail...
it's all spent.

4

(Head-and-shoulders,
in pair:
he with the felt
hat and a small lined
scarf of brown silk
tight on the neck,
she a nightgown
with bat-like stripes
below the chin.
United, yes, for distraction.
The look, each
their own way.
It can be seen
that the wind was blowing.)

Presto invecchiata
dal mestiere,
sulla sedia in ombra
nella stanza,
tenendo tutto il giorno
il suo cappello,
cantava piano, senza
più sapere cosa,
lo stesso ritornello
"il falchetto cacciavento
piomba a terra
in un momento."

Astro, folgore, cometa,
freccia d'argento.
Anche la traccia
luminosa...
è tutto spento.

4

(A mezzo busto,
in coppia:
lui col cappello
di feltro e una sciarpetta
doppia di seta bruna
stretta al collo,
lei un camicione
a strisce da pipistrello
fin sotto al mento.
Uniti, sì, per distrazione.
Guardano, ciascuno
in una direzione.
Si capisce
che tirava vento.)

She did not want to,
but my grandfather in accord
with her family
prepared the papers
and married her,
Christmas Eve
of 1918.
She always did,
in spite of her wishes, what
was asked of her.

She was, in life,
what she did not want to be:
servant and betrayed
wife. Endured the fact
that her husband
had two separate houses
and that he maintained them
with his work.

She had nothing or
little of what she
dreamed of.
And even that decorum
she had hoped for
was kept from her.

Always and wherever
she went, finger
on the maps,
hunting for treasure.
Despite the part
that, however, is missing
from the endless human dream.

Lei non voleva,
ma mio nonno d'accordo
con la sua famiglia
preparò le carte
e la sposò,
la vigilia di Natale
del diciotto.
Faceva sempre,
suo malgrado, quello
che le si chiedeva.

Fu, nella vita,
ciò che non voleva:
serva e moglie
tradita. Sopportò
che il marito
avesse due case
e che le mantenesse
con il suo lavoro.

Non ebbe nulla o
poco di quanto
più sognava.
E pure quel decoro
che sperava
le restò impedito.

Sempre e ovunque
andando, con il dito
sulle mappe,
a caccia del tesoro.
Nonostante la parte
che, comunque, manca
al sogno di infinito.

*

The small pieces
of paper, loosened up
from the spent cone,
encircle
give again tone and objects
call connect with each other
assume the color
of thought
they become places
and times always more
distinct, in which
shapes
find volume, expand
scent the secret
virtues, the atmospheres,
the essences of a
succulent silence
net escort store
of images and flavors.

5

(On file on the
narrow wharf
of embarkation:
the little girl with designs
on the sweater, her
mother with erect corselet,
the father ahead
of all others, on the
table leaning
to the sea that dazzles them
at evening's start.
And behind, anchored
appears the sail
of the crest of Savoy.)

*

I piccoli pezzi
di carta, smossi
dal cono spento,
prendono contorno
ridanno tono e mete
chiamano nessi
tra di loro
assumono il colore
del pensiero
si fanno luoghi
e tempi sempre più
distinti, in cui
ritrovano spessore
le figure, spandono
odore le virtù
segrete, le atmosfere,
le essenze di un
silenzio succulento
rete scorta magazzino
di immagini e sapori.

5

(In fila sullo
stretto pontile
dell'imbarco:
la bambina con i segni
della maglia, sua
madre col busto eretto,
il padre in cima
a tutti, nella
tavola inclinata
sul mare che li abbaglia
al varco della sera.
E, dietro, in ancora
appare dalla vela
lo stemma dei Savoia)

He, monarchist
in a socialist home,
was the family's
black sheep.
His wife, dressmaker,
pressured him, telling him
he would have
won more respect.

He, who has been
soldier, and then fascist
from day one.
With a group of friends
kept busy, to overcome
boredom, dividing
Europe on the map.

Killed with the others
on the bank of the river,
one early morning.
Dug out, from inside the basket
with goose feathers,
after the steps of the
daughter as she plays in the
tunnel of the cellar
having descended and climbed
up to the ruin.

6

(Standing,
with the hand on the arm
of a wooden
sofa.
A large beret
from which emerge crown-like
the hair, over a heavy
dress
with gown and folds
and frock-coat

Lui, monarchico
in casa socialista,
era la pecora nera
della famiglia.
Sua moglie, sarta,
lo spingeva dicendo
che ci avrebbe
guadagnato più rispetto.

Lui, che era stato
ardito e, poi fascista
della prima ora.
Con un gruppo di amici
si vedeva, per vincere
la noia, a dividersi
l'Europa sulla carta.

Ammazzato con gli altri
sull'argine del fiume,
una mattina presto.
Scovato, dentro al cesto
con le piume d'oca,
sulle tracce della
figlia mentre gioca nel
cunicolo della cantina,
discesa e risalita
fino alla rovina.

6

(In piedi,
con la mano sul bracciolo
di un divanetto
in legno.
Un largo basco
da cui escono a corona
i capelli, su
un abito pesante
con gonna a pieghe
e redingote

with the neck
and wrists of velvet.
In the background,
a brocade large-canvas cloth
held by a loose
ribbon,
behind the head.
The date is noted:
1.4 of `l8.)

For her, it remained
the most lovely period
of her life,
that in which,
girl from the mountain
town,
she came down to be
a domestic
in a middle class house
in Florence.

She liked the garden paths
at the strolling hour
and the small umbrellas
open in the sun
and the carriages still
on the side of the street.
And, on Sunday,
dress festively
to cut a
fine figure.

She convinced herself that
only there, truly,
they cared for her
and says that since then
she had fear,
and no longer had
expectations
of what waited for her.

con il colletto
e i polsi di velluto.
Sullo sfondo,
un telone di broccato
tenuto da un cordone
di volant,
dietro al testa.
E' segnata la data:
1.4 del '18.)

Per lei è rimasto
Il periodo più bello
della sua vita,
quello in cui
ragazza, dal paese
di montagna,
era scesa a servizio
in una casa borghese
di Firenze.

Le piacevano i viali
all'ora del passeggio
e gli ombrellini
aperti con il sole
e le carrozze ferme
sul lato della strada.
E, alla domenica,
vestirsi a festa
per fare pure lei
la sua figura.

Si è convinta che
solo lì, davvero,
le hanno voluto bene
e dice che da allora
provava già paura, e
non più attesa,
per ciò che la aspettava.

7

(Almost bald
a round face
marked by two mustache bars
thick and dark.
In the fustian
jacket,
with the stripe
of black velvet
on the lapel.
My father's father.)

This man that I
never knew
and on whom
my life depends.
Missing, at fault
— I believed — more
or less,
the appointment.

From him I knew with difficulty
that, remaining widowed,
he had remarried
to disrespect his son
and that, hit by thrombosis,
he remained in bed
for years and then died.

For me a child
he had become
I don't know why,
the concrete image
of a thought, after all,
not even so strange:
the fault of the immense
disorder of the world.

7

(Quasi calvo,
un viso tondo
segnato da due baffi
folti e scuri.
Nella giacca
di fustagno,
con la striscia
di velluto nero
sul risvolto.
Il padre di mio padre.)

Quest'uomo che non ho
mai conosciuto
e dal quale dipende
la mia vita.
Mancato, a torto
— credevo — poco
o molto, all'appuntamento.

Di lui sapevo a stento
che, restato vedovo,
si era risposato
a dispetto di suo figlio
e che, colpito da trombosi,
era rimasto a letto
anni e poi era morto.

Per me bambino
era diventato
per non so
quale effetto,
l'immagine concreta
di un pensiero, in fondo
neppure tanto strano:
la colpa dell'immenso
disordine del mondo.

8

(The beret,
the uniform with the square
neck and a short
white ribbon
under the arm.
On the miniature
ship,
ready to sail
with the cardboard prow
from its port.)

Today, suddenly, if
he lets himself go,
they say, it is because
he gets sick:
the collapse from pressure.
Or, even worse,
that he does it
because he is obsessed.

He knows it is
a feeling.
Within him, when
he thinks about it, that life
has always already gone by
and that the game can no longer
be played.
Every other chance
missed, lost,
now ended.

But coming short
is fruit of
the painful feeling:
that he was
tricked and robbed,
of all, of each thing.

8

(Il berretto,
la giubba con il collo
quadrato e un cordone
bianco corto
sotto il braccio.
Sulla nave
in miniatura,
pronta a salpare
con la prua di cartone
dal suo porto.)

Oggi, di colpo, se
si lascia andare,
dicono, è perché
cade ammalato:
il crollo di pressione.
Oppure, peggio,
che lo fa
perché si è fissato.

Lo sa che è
un'impressione.
In lui, quando
ci pensa, che la vita
sia sempre già passata
e non si possa più
giocare la partita.
Mancata ogni altra
chance, perduta
ormai finita.

Ma il venire meno
é frutto della
sensazione dolorosa:
che sia stato
ingannato e derubato,
in tutto, di qualcosa.

*

The presence wiped out:
the idea of an
inanimate thing
brought to the point
of becoming definite
essence, meanwhile, even with
a face opaque
and without life. An evident
sign from the tear
on the decorous picture
of the insurmountable distance
of the jump and of the trespass
in the scanning function
of the present.

9

(The child leaning
on the knees of
his father, who intently
moves the knob
and points silently. With the
mother looking, lost
and stretched over the radio.
In the golden circle
of the living room.)

One can say
that I was born
and then grew,
along the way brought up
in the shadow of decorum.

Disposed to be thankful
for the little I had but secure,
content but not
too much. Favorable
yet hostile

*

La presenza cancellata:
l'idea di una
cosa inanimata
portata al punto
di farsi essenza
definita, eppure intanto
volto opaco e
senza vita. Segno
evidente dello squarcio
sul quadro decoroso
dell'invalicabile distanza
del salto e del trapasso
nella scandita finzione
del presente.

9

(Il bambino appoggiato
alle ginocchia di
suo padre, che muove
intento la manopola
e muto addita. Con la
madre che guarda, rapita
e tesa sulla radio.
Nel cerchio d'oro
del salotto.)

Si può dire
ch'io sia nato
e poi cresciuto,
via via allevato
all'ombra del decoro.

Disposto a ringraziare
del poco ma sicuro,
contento ma non
troppo. Propenso
eppure ostile

to any revolt,
brought up to conjugate
in total refusal and sense
of respect

Oh, the loved
reflex, from the never
clear-cut edge,
trickles in excess...
the summit of blunder
on the object.

10

(With the pointed helmet
and the mantle,
on the fake horse.
Against the dark
background
of a forest.
One hand on the side
and the other holding
the sword, between
the head and shoulder.
Laughs with someone
before him, who – one
supposes – accompanies him.
in ink, on the white
part of the box, the date:
may of 1908.)

Departed, for
North Germany,
to work in a factory.
He had fun, despite
the ten or more hours
a day. In the end,
always better
than staying home.

a ogni rivolta,
portato a coniugare
in assoluto rifiuto e senso
del rispetto

Oh, il riflesso
amato, dall'orlo
già mai netto ,
cola in eccesso...
la cima dell'abbaglio
sull'oggetto.

10

(Con l'elmo a punta
e la mantella,
sul cavallo finto.
Contro lo sfondo
cupo, di foresta.
Una mano sul fianco
e l'altra a sostenere
la sciabola, su,
tra testa e spalla.
Ride con qualcuno,
davanti, che – si
suppone – l'accompagna.
A penna, sul bianco
del cartone, la data:
maggio del '908.)

Partito, per il nord
della Germania,
a lavorare in fabbrica.
Si divertì, malgrado
le dieci ore e più
al giorno. In fondo,
sempre meno che
a restare a casa.

Liked by the
owner's daughter,
he understood, suddenly, that
he could settle down.

"And mother...and
I, then. What would have
happened to us?"
My desperate question
to grandfather, who
only God knows why
he resurfaced that
memory.
"But...she had the
brain of a she-horse."

11

(I, at six,
I believe. Distracted, but
not much, by the game
on the small table with the
alphabet blocks.
Despite the precarious
state of the chair,
immersed there anyway
putting together crossings
on the square.)

The word, for me,
came from far away.
An a priori, almost,
I sensed it. A stimulant.
In a process in
some way inverse.
In giving it
a reality that the more touched
and held it was, the more it
slipped away, insubstantial
to the five senses.

Venuto in simpatia
alla figlia del padrone,
capì, a un tratto, che
si poteva sistemare.

"E la mamma...e
io, allora. Che
fine avremmo fatto?"
La mia richiesta
disperata al nonno, cui
tornava a galla per
chissà quale ragione
quel ricordo.
"Ma... aveva una
testa da cavalla."

11

(Io, di sei anni,
credo. Distratto, ma
non troppo, dal gioco
al tavolino con i
tasselli dell'alfabetario.
Nonostante lo stato
precario della sedia,
immerso lì lo stesso
a combinare incroci
sul quadrante)

La parola, per me,
veniva da distante.
Un a priori, quasi,
l'avvertivo. Un eccitante.
In un processo in
qualche modo inverso.
Nel darle per riscontro
una realtà che invece,
più toccata e presa, più
sfuggiva inconsistente
ai cinque sensi.

With the effect of being
against a prominent
body and, in naming
it, quickly seizing it.

12

(Sitting, without
clothes, sitting
on the enclosed wall,
insolently
pressing a leaf of grass
between the lips.
The chin lifted,
the eyes
turned to something
or someone
nearby.
A hand propped
on the knee.
The age is recorded:
twenty-three years.)

Only confinement, with difficulty,
saved him from death.
But he had turned strange
and did not want to go out.
Like a child.

At home, he went
in search of accomplishing feats
and not hold a balance
with the times. Driven
to trace the footsteps of the cat
each moment.

Con l'effetto di essere
lanciata contro un corpo
pronunciato e, nel suo
dirlo, di colpo riafferrato.

12

(In posa, senza
panni, seduto
sul muro di recinto,
con insolenza
stringe tra le labbra
un filo d'erba.
Il mento sollevato,
lo sguardo
rovesciato su qualcosa
o su qualcuno
là vicino.
Un ginocchio
puntella con la mano.
È annotata l'età:
ventitré anni.)

Dalla morte lo salvò,
a stento, solo il confino.
Ma era diventato strano
e non voleva uscire.
Come un bambino.

Per casa, andava
in cerca di occupare gesti
e non tenersi in bilico
nel tempo. Spinto
sulle tracce della gatta
ogni momento.

*
...a reality
reassembled, rendered
logical and tidy
removed from the
uncontrolled flux
of life, careful
with his step and
slipping on the long
and narrow corridor,
in the neck of the funnel
which gathered him
shattered
a being of his own
risen by magic
complete and, in the space
of an instant,
intact and found.

13

(On the boardwalk
in full summer.
The sparkling
chemisier and
a small, white purse.
Turns around and speaks.
I look at her as she
looks at me,
and she is happy.)

My mother, loved,
and, to love her,
kept at a distance.
Silent and detached
on every level,
felt overflowing
and paid in installments.

*
...un reale
ricomposto, reso
logico e ordinato
sottratto al
flusso incontrollato
della vita, atteso
al passo e
scivolato nel lungo
e stretto corridoio,
nel collo dell'imbuto
che l'ha raccolto
frantumato e
reso per incanto
in un suo essere
compiuto e, nello
spazio di un istante,
intatto e ritrovato.

13

(Sul lungomare
in piena estate.
Lo chemisier
frizzante e
una borsetta bianca.
Si gira e parla.
La guardo che
mi guarda,
ed è beata.)

Mia madre, amata
e, per amarla,
tenuta più lontano.
Taciuta e distaccata
in ogni piano,
sentita straripante
e spesa a rate.

Seen in stages
of a life of mine
autonomous and distant.

Tied to the pangs
of the wait,
without hold, between
us, of a discourse.
The other end
of a string that pulls me,
the force of a journey
without exit.

14

(Eyes like pins
in the narrow gallery
between the mind, over
the throat and chin,
and a hat with
an ornate
net visor.
In the photo, mischievous and
sought after, and
written,
under,
even the signature
with a clean and
elegant handwriting.)

There was nothing
she said
she could not do.
Never still
holding her hands.
Without pause. "Yes,
still my..."
Her argument:
the house and kitchen.

Rivista a tappe
da una mia vita
autonoma e distante.

Legata al morso
dell'attesa,
senza presa, tra
noi, di un discorso.
L'altro capo
del filo che mi tira,
la forza di un percorso
senza uscita.

14

(Gli occhi a spillo
nella stretta galleria
tra la stola, su oltre
la gola e il mento,
e un cappello con
la visiera ornata
di retina.
Sulla foto
maliziosa e
ricercata
vergata, sotto,
anche la firma
con una grafia
netta ed elegante.)

Non c'era cosa
che non dicesse
di saper fare.
Mai ferma o
con le mani in mano.
Senza posa. "Sì,
però la mia...".
Il suo argomento:
la casa e la cucina.

Today, stuck
all day
on an armchair
in front of the window,
she wants to tie
the she-dog
on the back
of the same prison.

Then and now,
however, in a cheap thing
that crumbles and slides
away, a gushing cascade,
whatever it may be.

15

(The hair thrown over
the shoulders,
the eyes
small and close
and a hand
holding the throat.
In a dress
a pois. A little
over twenty years old.)

Compelled by the strange
invitation at the table
of forbidden play,
nevertheless distracted
because of the shuttling
in the nearby room,
the face red, in a rush
to get the underpants
hanging with the clothes,
over the fire.
Whispers, meanwhile,
and chocked screams
beyond the door.

Oggi, bloccata
tutto il giorno
su una poltrona
davanti alla finestra,
vuole legata
la cagnetta
alla spalliera
nella stessa prigionia.

Adesso o poi,
comunque in un andante
che crolla e slitta
via, un fiotto di cascata,
qualunque cosa sia.

15

(I capelli tirati
sulle spalle,
gli occhi
piccoli e vicini
e una mano
a cingersi la gola.
In un vestito
a pois. Di poco
oltre i vent'anni.)

Costretto dallo strano
invito al tavolo
col gioco del proibito,
distratto tuttavia
per la sua spola
dalla stanza accanto,
il viso rosso, in fretta
a prender le mutande
appese con i panni
sopra il fuoco.
Bisbigli, intanto,
e gridi soffocati
oltre la porta.

Seized and gnawed from
jealousy, in vengeance
attacking
her to scratch her,
wrathful, I can't
do more. But for
mother, no... for a deal
understood
between us, not even
a word. She
let me, if she were
alone, slide
through her legs while
she ironed and there search her
in her short gown.

16

(With the apron
that seems a small tent
hanging from the neck,
the hand extended for a salute
and a foot firmly set,
with a self-assured demeanor,
on the basket.
Seen from a profile,
the scene, in these
remains of a postcard.)

Furtive, the fat nuns
ran on, far away,
without pause,
entering existing in chorus
from doors insurmountable
to us along the celestial
corridors and they withdrew,
with vigor, in their black
clothes, in pieces,
their pink flesh.

Preso e roso dalla
gelosia, per vendetta
addosso
poi a graffiarla,
sdegnoso, a più
non posso. Ma, alla
mamma, no... per
un inteso patto
tra di noi, neppure
una parola. Mi
lasciava, se era
sola, strisciarle
tra le gambe mentre
stirava e là frugarle
nella gonna corta.

16

(Con il grembiule
che pare un tendina
appesa al collo,
la mano tesa a salutare
e un piede imposto
con aria soddisfatta
sulla cestina.
Presa di profilo,
la scena, in questo
avanzo di cartolina.)

Furtive, scorrevano
lontano e senza posa
le grasse suore,
entrando uscendo in coro
da porte invalicabili
per noi lungo i celesti
corridoi e come ritraendo
con vigore nelle nere
vesti, brano a brano,
le loro carni rosa.

*
Is that past
perhaps dead?
Or is it hiding outside
its field,
in a still and detached
object...
The piece of cake
soaked in the
cup, that
taste found once again
suddenly,
held and startled
stopped and once again descended
into that which casually
can be evoked
by an image
which by reflex
makes it imagined
in the whirl of the marks
displaced on the outline.

17

(A vest,
custom made
over pants
that I have fun
lowering
laughing at the goal.
With the belt
again tight
over the clothes.
June of '54
at the age of five.)

Every morning,
at our arrival,
the usual battle

*
È, forse, morto
quel passato?
O si nasconde fuori
del suo campo,
in un oggetto fermo
e distaccato...
Il pezzo di focaccia
inzuppato nella
tazza, quel
sapore ritrovato
all'improvviso,
tenuto e trasalito
fermato e ridisceso
in ciò che a caso
piò essere evocato
da un'immagine
che per riflesso
lo rende immaginato,
appena percepito
nel turbinio di segni
smossi sul tracciato.

17

(Una maglietta,
taglia di misura
sui pantaloni
che mi diverto
ad abbassare
ridendo all'obiettivo.
Con la cintura
di nuovo stretta
sopra ai panni.
Il giugno del '54
a cinque anni.)

Tutte le mattine,
al nostro arrivo,
la solita battaglia

for the small tiles
from the yard. Given
as concession by us
amateur tyrants
to color with
pieces of brick,
to rows of the aspiring.

Administered then
for those three little girls
as agreed upon, and certainly
an aspiration not chosen
from a sense of guilt,
to have to touch
taken each one in a rush
behind the bushes
of the small wall. Even
if there was little flesh
between the legs
and the chest unripe.

18

(The cigarette
in hand
with the arm folded
over the chest, among
other people,
listens to me
as I almost vine
myself to him.
Smiling, although
even distant.
The coat of velvet
over a sweater
that is worn out and short.)

per le piastrelle
del cortile. Date
in concessione
a discrezione di noi
tiranni principianti,
da colorare con
i pezzi di mattone,
a file di aspiranti.

Amministrate, poi
per quelle tre bambine
che era intesa, e certo
aspirazione non sciolta
dal senso della colpa,
avere da toccare
presa ognuna in fretta
dietro ai cespugli
del muretto. Anche
se con poca polpa
tra le gambe
e acerbo petto.

18

(La sigaretta
in mano
col braccio ripiegato
al petto, in mezzo
ad altra gente,
ascolta me
che quasi a lui
mi aggrappo.
Sorridente, però
anche lontano.
La giacca di velluto,
sopra a un maglione
che è liso e corto.)

His speaking
not just of God
but of destiny,
I caught...
In those spots
on the skin
in the pungent breath
in the limp cloth
of the accommodating,
of the breech of rules and of the
tear in the throat.

It hit me, at the age of six,
for the first time,
the idea of the unstoppable
decline, the rushing
of everything to the point of death.

19

(A bright
smock, lined
socks and sandals
with holes. My
father attentive, and
worried, fierce
but like a stuffed dog.
Signed, under,
the account and, on the side,
the occasion:
the fourth birthday.
October twenty-eight.)

I, having become, through
inversion, the father
of my father, in
this obstructed
image, remaining
in the state of the past.

Nel suo parlare
non già di Dio
ma del destino,
l'avevo colta...
in quelle macchie
sulla pelle
nell'alito tagliente
nei panni flosci
dell'accondiscendente,
della licenza e dello
strappo alla regola.

Mi balenò, a sei anni,
la prima volta
l'idea dell'inarrestabile
declino, il correre
di tutto a punto morto.

19

(Un grembiulino
chiaro, i calzettoni
a righe e i sandali
coi buchi. Mio
padre attento, e
preoccupato, a un cane
truce ma impagliato.
Segnato, sotto,
il conto e, a lato,
l'occasione:
il quarto compleanno.
Ottobre del ventotto.)

Io, diventato per
inversione il padre
di mio padre, in
questa immagine
ostruita, rimasta
allo stato di passato.

Reversed
the connection
of greatness,
in a point of view
that nevertheless remains
equivalent.

Ready, and content,
to be taken by the hand
and to speak to him of the world
and of life,
guiding him far away.

20

(The small loud
suit, the lace
tight, with all
the richness
under the chest
and the shoulders ornate
with glass beads.
And I who drag, with
air of exhaustion,
the little girl
by the arm.)

Summer, after dinner,
shut in the
balcony on the ground floor.
If I did not run away
I at times climbed
on Marcellina.
Tasty morsel, fresh
peach pulp and ripe fruit.
Laid out among
the vases of geraniums.

Rovesciato
il rapporto
di grandezze,
in un'ottica
che resta comunque
equivalente.

Pronto, e contento,
a prenderlo per mano
a parlargli del mondo
e della vita,
guidandolo lontano.

20

(Il piccolo vestito
gonfio, stretto al
laccio, con tutta
la ricchezza
sotto il busto
e le spalle ornate
di perlina.
E io che tiro, con
aria di stanchezza,
per un braccio
la bambina.)

L'estate, dopo pranzo,
chiuso nel terrazzo
a pianterreno.
Se non scappavo,
saliva a volte su
la Marcellina.
Morso sugoso, polpa
di pesca e frutto pieno.
Sdraiati in mezzo
ai vasi dei gerani.

Or, alert and in the dark
down in the cellar
on the fruit basket boxes,
she liked to hold in her hands
what was hanging down.
To me, just the taste
of taking it.
And the idea that it was unfair,
for me, and disadvantageous
that I did not have
the thing.

*

The climax, the root,
yes, of the people:
the complex dimension,
an extension of the object
as symbol and function
of the retaining quality, of lasting.
The full point
that without terms
contains the unlimited
sense in which
by convention
the outburst and of action
coincide.

21

(I who stare
in front of me.
And I wear an apron
with a belt
and knee-high socks of the
same dark color.

O, all'erta e al buio
giù in cantina
sulle cassette della frutta,
a lei piaceva
tenere tra le mani
quello che prendeva.
A me, il gusto solo
di essere preso.
E l'idea che era ingiusto,
per me, e svantaggioso
che non avesse
il coso.

*

Il colmo, la radice,
sì, delle persone:
la dimensione complessiva,
un'estensione dell'oggetto
a simbolo e funzione
di tenuta, di durata.
Il punto pieno
che senza termini
contiene il senso
illimitato in cui
per convenzione
coincidono slancio
e ricaduta dell'azione.

21

(Io che guardo
fisso, davanti a me.
Ed ho un grembiale
con la cintura
e i calzettoni della
stessa tinta scura.

The arms, along the
sides. But not
extended, not at all, instead
contracted, as
who goes there.)

A feeling of
being a bit lost
from bad luck and stupor
had taken over me
at the discovery
that one never
finds the position
he deserves
and is incapable
of staying at a standard.

And it is over, for me,
in suspense, the fact
that living is like
discovering something
interdicted
and forbidden,
that all is born
and grows hidden,
that it happens, in other words,
yes, in fear.

22

(I have a large
sweater that covers
the other clothes.
Leather sandals.
Held by the hand
on the railing,
from the bridge I stare at the sea
and a boat that
goes by in front.
I am seven years old.)

Le braccia, lungo i
fianchi. Ma non
disteso, affatto, anzi
contratto, sul
chi va là.)

Mi aveva preso
un senso un po' smarrito
di disdetta e di stupore
alla scoperta
che uno non trovi
mai il posto
che gli spetta
e non riesca a
stare a una misura.

Ed è finito, per me,
in sospeso il fatto
che vivere sia come
scoprire qualcosa
di interdetto
e di proibito,
che tutto nasca e
cresca di nascosto,
che avvenga insomma,
sì, nella paura.

22

(Ho una maglietta
larga, che copre
gli altri panni.
I sandali di cuoio.
Tenuto per la mano
alla ringhiera,
dal ponte fisso il mare
e una barca che
passa lì di fronte.
Ho sette anni.)

Here it is,
loose in the wind,
the sail of infancy
on the horizon.
It buckles uncertain here and there
restarts its flight
and shoots out far.

My course seemed
carved
and indubitable, in
some open way.
Dreams, projects and plans
all, the most strange,
quick and darting
over the swells.

If I look back, now,
I see myself somewhat drowning
in the emptiness, that, like
glass, has placed itself
between the me of now and the
more distant me.
For as much as is revealed
in many places and
aspects,
as much is hidden.

23

(My mother laughs
turning her face,
and slightly moves
her wavy hair
on her back.
The thin youngster,
lifting his vision beyond her,
his look serious,
is stuck in an

Eccola,
sciolta al vento
la vela dell'infanzia
all'orizzonte.
Si impenna a tratti incerta
riprende la sua fuga
più lontano.

Scolpita sembrava
la mia rotta
e indubitabile, in
qualche modo aperta.
Sogni, progetti e piani
tutti, i più strani,
veloci e via guizzanti
sopra i flutti.

Se guardo indietro, ora,
mi vedo un po' annegato
dal vuoto che, come
un vetro, si è posto
tra il me di adesso e
quello più discosto.
Per quanto rivelato
in molti luoghi e
aspetti, tanto
più nascosto.

23

(Ride mia madre
rovesciando il viso,
e muove appena
i capelli ondulati
sulla schiena.
Il giovane magro,
oltre lei levando
pensoso lo sguardo,
sta come incerto

almost-smile.
In the tepid,
puzzling evening.)

My mother led her
first lover
to the river's brushes
and her jealous brother
spying their steps
ran after them
throwing stones.

It happened in the morning
during training
before leaving
for the front.
And to her went, with
the echo of glory,
what little among the remains
was found.

Shedding the memories,
I always thought
of what was and what
might not have been,
the fate where each story
is tied.

24

(My father,
very young, together
with his friends
who intuitively
are in front.
They joke,
and he answers
miming
sexual gestures.)

di un sorriso.
Nella tiepida sera
che si indovina.)

Ai cespugli del fiume
guidò mia madre
il primo innamorato
e suo fratello geloso
spiando i loro passi
gli correva dietro
tirando sassi.

Cadde di mattina
in un addestramento
prima di partire
per il fronte.
E a lei andò, con
l'eco della gloria,
il poco che tra i resti
fu trovato.

Sfogliandone i ricordi,
sempre ho pensato
a quel che era e che
poteva non essere stato,
al caso cui si lega
ogni storia.

24

(Mio padre
giovanissimo, insieme
ai suoi compagni
che si intuiscono
di fronte.
Scherzano,
e lui risponde
mimando
gesti sessuali.)

Through forms of
old and new events,
in a rebuilt
office,
he met my mother
who was still a girl then.
And so began the story
I care for.

He too was young
and learned events
and pieces of love.
Still, among us
with a mute pact
we feign to ignore
that one is trying
what the other
has already done.

*

Shapes and objects, on the
track of the concrete,
that design the other
face of the divided
present, evanescent and
unraveled: that
of the discourse
made logical part
of an immensity, mirror
or portrait of a recast
value, quick to
expire ...alphabet,
even of the abyss,
beyond feeling.

Tra pratiche di
vecchio e nuovo corso,
in un ufficio
della ricostruzione,
incontrò la ragazza
che era ancora,
mia madre, allora.
E principiò la storia
che mi riguarda.

Fu giovane anche lui
e imparò vicende
e parti dell'amore.
Eppure, tra di noi
con muto patto
fingiamo di ignorare
che stia provando l'uno
quel che l'altro
ha già fatto.

*

Figure e oggetti, sulla
traccia del concreto,
che disegnano l'altra
faccia del presente
scisso, evanescente e
sfilacciato: quella
del discorso sistemato,
fatto logica porzione
di un immenso, specchio
o ritratto di un valore
rifondato, esperibile
immanente... alfabeto,
perfino dall'abisso,
del non senso.

25

(Shirt and
thin tie under
a jacket.
Hands behind
the back, leaning
with the shoulder over
the small wall of the terrace.
The expression somewhat
perplexed, between being
satisfied
and pouting.
Even the year is
listed: `57.)

Seeing myself
in this photo
I did not ask, then,
what would have been.
I was sure
that as I moved on,
whatever happened,
I would
yet see myself.

The strange thing is that
I did not feel
I existed at all, but
frozen.
As if caught and fixed
in that pose
against the wall.
I was far away from myself
and, in part, excluded
from any possible future.

25

(Camicia e
cravattina sotto
a un giubbetto.
Mani dietro alla
schiena, appoggiato
con la spalla al
muretto del terrazzo.
L'espressione un po'
perplessa, tra
soddisfatto
e imbronciato.
E' dichiarato anche
l'anno: il '57.)

Vedendomi
su questa foto
non mi chiedevo, allora,
che sarebbe stato.
Ero sicuro
che più avanti,
comunque andasse,
ancora
mi sarei guardato.

La cosa strana è che
non mi sentivo
essere, affatto, ma
proprio già passato.
Come colto e fermato
di volta in volta
in quella posa
contro il muro.
Allontanato da me
e, in parte, escluso
da ogni possibile futuro.

26

(My sister,
a few days old,
wrapped in an apron
that envelops her.
I hold her, perplexed,
by a finger.
Almost lost.
The same ears, same eyes
and same nose and mouth.
I am five years old.)

Then, the hour
one does not even fear strikes.
Having been together:
discoveries and games
in the same clothes...
and reach the point
of being out of sight.

Rarely
seeing each other, now,
with no more to say.
Here and there
from a wall,
even on top.
Each one takes
a role, the part
of a life that
was common at first
and now distant, who knows
for what events.

The darkness of the
diverging lines
from a dot
on the maps
of infinity.

26

(Mia sorella
di pochi mesi,
avvolta in un grembiule
che la preme.
La tengo, perplesso,
per un dito.
Quasi smarrito.
Le stesse orecchie,
uguali e occhi
e naso e bocca.
Ho cinque anni.)

Poi, scocca l'ora
che uno neanche teme.
Essere stati assieme:
scoperte e giochi
negli stessi panni...
e arrivare
a perdersi di vista.

Trovarsi raramente
e non avere, adesso,
niente più da dirsi.
Di qua e di là
da un muro,
magari in cima.
Ognuno assunto
un ruolo, la parte
di una vita che
prima era comune
e ora dista chissà
per quali eventi.

L'oscuro delle
rette divergenti
da un punto
sulle carte
all'infinito.

27

(About me, who come
to me more big
and more distant,
the image that
advances from the mirror
of an old cabinet,
in the door that
opens slowly.
With one stiff hand,
perhaps
defensively and the other
grabbing the sweater tightly
in the act of lifting it
and covering the face.)

It's that I remained
unknown , in the
sense of the portrait
and of the surrounding
that reflected itself there.
Distracted
by my own self
in appearing to myself
suddenly more precise
lost in sealed
dots of the object.

And, today, I still
catch myself divided
from not seeing
what I think I am,
neither young nor old
not knowing if I am beautiful or ugly.
I am aware of how clumsy I am
or else I disappear
from about everything.

27

(Di me, che vengo
a me più grande
e più lontano,
l'immagine che
avanza dallo specchio
di un vecchio armadio,
nell'anta che si
apre piano piano.
Con una mano tesa
a fare, forse, da
difesa e, l'altra,
stretta alla maglietta
nell'atto emerso
di coprirci il viso.)

È che restavo
ignoto, nel complesso,
nel senso del ritratto
e del contorno
che si era lì riflesso.
Distratto per l'inverso
da me stesso
nel mio apparirmi
di colpo più preciso,
perso nel chiuso
nei punti dell'oggetto.

E, oggi, ancora
cogliendomi diviso
da quello che mi penso
non mi vedo,
né giovane né vecchio
non so se bello o brutto.
Mi avverto come ingombro
oppure mi scompaio
quasi del tutto.

28

(My mother
as she throws
back her head
on the silk
shirt, smiling.
In a black
hat. Light
dress, fantasy.
With one hand
tight over her throat.
Full of life,
ardent.
In her twenties.)

But I do not recognize her.
I look at her but I do not
see her: the manner
is not familiar to me.
As when I went through
her purse,
among the powder box
the mirror and the nail life.

If she lived
and were already happy...
while I was not there,
did not exist
not even as breath
or imprint or emptiness.

*

The discovery that
the many minimal
and odd pieces
belong to the same
general system
made of parts

28

(Mia madre
mentre getta
indietro la testa
sulla camicetta
di seta, sorridente.
In un cappello
nero. L'abito
leggero, fantasia.
Con una mano
stretta sulla gola.
Piena di vita,
ardente.
Sui vent'anni.)

Ma non la riconosco.
la guardo e non
la vedo: il modo
non mi è noto.
Come quando frugavo
nella sua borsetta,
tra la scatola di cipria
lo specchieo e la limetta.

Che lei vivesse
e fosse già felice...
mentre io non c'ero,
non esistevo
neppure come soffio
o impronta o vuoto.

*

La scoperta che
i tanti minimi
e spaiati tratti
appartengono allo stesso
sistema generale,
fatto di parti

and rapports
that have in the end
a meaning, in their
total disorder.

29

(The parents, behind.
The father, standing,
satisfied holding
his daughter's hand
who looks at him
sideways, under the brim
of the straw hat, one eye
attentive to the object
and the other hand straight
smoothing out the folds
of her dress.
The mother is leaning:
she lifts the little boy,
with a paper hat made from a
newspaper and with the pail,
mounting, and well-balanced,
the rocking horse.)

Of him, of
his race,
day after day:
the store, the house,
the family.
"For the children,
Giovanna..."

Still, fate already
grabs him
by the shoulders,
the sentence signed and sealed
without appeal.

e di rapporti
che hanno perfino
un senso, nel loro
disordine totale.

29

(I genitori, dietro.
Il padre, in piedi,
soddisfatto tenendo
la mano della figlia
che lo guarda
di sbieco, sotto la tesa
della paglietta, un occhio
attento all'obiettivo
e l'altra mano stretta
a stendere le pieghe
del vestito.
La madre sta inchinata:
sorregge il piccolo,
con un cappello di carta
di giornale e col secchiello,
salito in equilibrio
sul cavallo a dondolo.)

Di lui, della
sua corsa
giorno su giorno:
il negozio, la casa
la famiglia.
"Per i figli,
Giovanna...".

Eppure, già il destino
che lo piglia
alle spalle,
segnata la condanna
senza appello.

And never thinks, should he
ever have the time,
it diminishes,
and fools, the distance,
on the journey.

Dead, he,
from intestinal cancer
and dead, one year now,
she, from a brain
tumor.
The younger boy already
gone nuts
and the daughter growing anxious
trying to figure things out
and close up the holes
of what remains,
to heal the brother's
affliction,
paid twice for the occasion
for damage and the succeeding
ingenuity.

30

(All gathered,
the hands reaching
over the nose,
kneeling on the steps
to recite the orations.
With his eyes off,
though, distracted
by the intentions of
wanting to appear in the photo.)

Discovered by chance
by my mother
stretched on the bed,

E non pensare, se mai
ne avesse il tempo,
che si assottiglia,
e inganna, la distanza,
sul cammino.

Crepato, lui,
di cancro all'intestino
e morta, a un anno,
di tumore, lei,
al cervello.
Il più giovane
andato giù di testa
e la figlia che si affanna
a tappare i buchi,
a fare i conti
di quanto resta,
per curare il malanno
del fratello,
pagata all'occasione
per due volte
a danno e ingenuità
la successione.

30

(Tutto raccolto,
le mani giunte
sopra il naso,
inginocchiato sulle scale
a recitare le orazioni.
Con gli occhi fuori,
però, distratto
dalle intenzioni, per
apparire nel ritratto.)

Scoperto per caso
da mia madre
sdraiato a letto,

the pockets of the pants
filled with naked women
yummy shapes
cut out from the newspaper.

Threatened with dark
punishment, with death
and chains.
Still, despite
the fears, drawn-in
and attracted
by the logic as to why
lovely things
have to be evil.

Descends, climbs
falls into the void
and it is
useless.

31

(The dark toothbrush –
mustache
he poses wearing
the cavalry uniform.
Self-assured
but distracted,
he leans with his
hand between the column
and the wall.)

Grandfather refused
to join the fascist
party and, at night,
they beat him up.
My mother
fell in nervous exhaustion.

le tasche dei calzoni
piene di donne nude
figure appetitose
tagliate dal giornale.

Minacciato di oscure
punizioni, di morte
e di catene.
Eppure, nonostante
le paure, coinvolto
e attratto
dalla logica per cui
le cose belle
devono far male.

Scende, sale
precipita nel vuoto
e a niente
vale...

31

(I baffi scuri
a spazzola,
posa con la
divisa di cavalleria.
Di sé sicuro
ma distratto,
appoggiato con la
mano tra la colonna
e il muro.)

Il nonno rifiutava
di iscriversi al
partito e, di notte,
venivano a picchiarlo.
Mia madre ci si
prese il malcattivo.

He had to
leave because
they would no longer
let him be.

Since then all he could do
was survive.
He had already understood
that nothing, or very little,
had changed for him.
But not enough for him
not to boast of
his past.

Hero of a time
a bit ancient,
in exchange of an idea
of freedom, was
offended and then betrayed.
Analphabet, on Sundays,
he bought the communist
newspaper *Unità*.

32

(the small bundle
abandoned among
the ribbons and the bows,
in the basket, wrapped
in white flowers.
stamped, below,
with the dates
a nine-syllable line: "Knew
nothing of life.")

Inside the satchel
of waters there was
adrift a wreak.

Se ne dovette
andare, perché
non lo lasciavano
più stare.

Da allora non poté
che sopravvivere.
L'aveva già capito
che nulla, o molto poco,
per lui era cambiato.
Ma mai che andasse
a vantare il
suo passato.

Eroe di un tempo
un po' attempato,
in cambio di un'idea
di libertà, fu
offeso e poi tradito.
Analfabeta, di domenica,
comprava l'Unità.

32

(Il piccolo fagotto
abbandonato in mezzo
a nastri e fiocchi,
nel cestino, avvolto
in fiori bianchi.
Stampato, sotto,
unito ai dati
un novenario: "Nulla
della vita conobbe".)

Dentro la sacca
di acque fu, alla
deriva, naufrago.

Did not bring his own thoughts,
pleasures and anxiety
of others.

Fish of a minimal sea
taken out of the vase,
from full shadow
he was detached
and, even for a few hours,
denounced to the law
and the list of men
who had been.

His status was only
arrangement of failed
functions. Someone
principled and
never finished.

*

...a sign
the datum, but not
memory or nostalgia,
of what has been.
Loved or not loved.
However, unknown.
Totally lost,
fallen inside
his end in
that same
fixation
before perishing.

Portò non i suoi pensieri,
piaceri e ansie
d'altri.

Pesce di un mare minimo
fu tratto fuor dal vaso,
da ombra piena
fu distaccato
e, pur per poche ore,
denunciato alla legge
e all'elenco degli
uomini stati.

Stato era solo
assestamento di funzioni
non riuscito. Qualcuno
principato e
mai finito.

*

... un segno
il dato, ma non
memoria o nostalgia,
di ciò che è stato.
Amato o non amato.
Comunque, sconosciuto.
Perduto totalmente,
caduto dentro
il suo finire in
quello stesso
essere fissato
prima di perire.

Evidence of Pain

The fine citation by Roland Barthes, which Ruffilli has posted as epigraph to this book, can induce (and, as far as I am concerned, has fleetingly induced me) to a curious "optic" error. For a few instants, I supposed that the title of Ruffilli's book derived, in an overturn, by a book, Barthes's, from which the citation is taken: Dark Room, that is, instead of white room. Naturally, reason quickly corrected the error: It was nothing like that: Barthes's title is overturning something, precisely a current expression, while that of Ruffilli rectifies and integrates it, that expression, in the semantic norm (even if, as it is well-understood, not without its halo of ambiguity, of ulterior feelings).

The citation then remains, as the true meaning of Barthes's phrase, which Ruffilli has re-cut and ideally framed as a warning to himself and to the readers. And, from it, the gravity and pregnancy of this warning leaps quickly at the eye: "For you, it would be nothing but an indifferent photo (. . .) for you, in it, there would be no wound."

The reference is as specific as it is illuminating, subtly illuminating. The dark room is, in fact, the patient, minute reconstruction of a familiar romantic story, beginning with the "signs," with the datum (these are words found in the text) made of a togetherness — perhaps one or more albums — of old photographs. It is not important here to name which story; already, the expression "familiar story" alludes, if he wants to or not, to a tangle of mercies and cruelty, collapse and detachment, that is, however, precisely, an intrigue, a predicament, an "interlacement," to eschew from the material events of the story. What is important, it seems to me, is instead to suggest what the breadth of spectrum is, of the expressive range within which, and across which, the enquiry becomes division, the reconstruction poem; an enquiry measured, as I see it, from the opening between the "wound," which Barthes (and Ruffilli through Barthes) refers in order to negate the reaching out to others rather than the subject, the first person, and the choice of neutrality, of objectivity, of a dryness that appears, at first glance, as the dominant tonality of Ruffilli's text. What I want to say here is that the trajectory of the expressive gesture included in these pages — and from which — symmetrically, these pages are the dilation, the "body" — goes from the recognition, of the certainty of the wound, whatever it is (and even before its search; in fact, from the search of the body that inflicted it), to its symbolic scar, to the rite of its plainness in the practice of the language.

But in a poem, one knows, time does not exist, or better, the "arrow" of time does not exist, its irreversibility, just as it does not exist in dreams; and it is here, then, that the trajectory just described can be seen (rather, it is, without a doubt, seen in the reality of literature) even in the opposite sense, that is, according to

Reperto del dolore

La bella citazione da Roland Barthes che Ruffilli ha posto a epigrafe di questo libro può indurre (e, per quanto mi riguarda, mi ha fuggevolmente indotto) a un curioso errore "ottico." Per qualche stante, ho supposto che il titolo del libro di Ruffilli derivasse, per rovesciamento, da quello del libro di Barthes da cui la citazione è tratta: *Camera oscura*, cioè, al posto di *La camera chiara*. Naturalmente, la ragione non ha tardato a correggere l'errore: non era affatto così: è il titolo di Barthes a ribaltare qualcosa, precisamente un'espressione corrente, mentre quella di Ruffilli la raddrizza e la reintegra, quell'espressione, nella norma semantica (anche se, beninteso, non senza un suo alone di ambiguità, di sensi ulteriori).

Rimane, dunque, la citazione in quanto tale, la portata reale della frase di Barthes che Ruffilli ha ritagliato e idealmente incorniciata quale monito a se stesso e ai lettori. E, in essa, salta subito all'occhio la gravità e la pregnanza di questo avvertimento: "Per voi, non sarebbe altro che una foto indifferente (. . .) per voi, in essa, non ci sarebbe nessuna ferita."

Il riferimento è tanto esplicito quanto illuminante, sottilmente illuminante. La camera oscura è, infatti, la paziente, minuziosa ricostruzione di un romanzo famigliare a partire dai "segni," dai "dati" (sono parole che trovo nel testo) costituiti da un insieme — forse uno o più album — di vecchie fotografie. Non importa, qui, dire di quale romanzo si tratti; già l'espressione "romanzo famigliare" allude, lo si voglia o no, a un groviglio di pietas e crudeltà, sprofondamento e distacco, che è comunque, appunto, un intrico, un "intreccio," a prescindere dai modi, dai nodi materiali della vicenda. Quel che importa, mi sembra, è invece suggerire quale sia l'ampiezza dello spettro, del campo espressivo dentro il quale, e attraverso il quale, l'indagine si fa partitura, la ricostruzione poema; un'indagine che si misura proprio, a mio avviso, dalla divaricazione fra la "ferita" cui Barthes (e Ruffilli tramite Barthes) si riferisce per negare l'estensibilità ad altri che al soggetto, alla prima persona, e la scelta di neutralità, di oggettività, di secchezza che appare, a prima vista, come la tonalità dominante del testo di Ruffilli. Voglio dire che la traiettoria del gesto espressivo compreso in queste pagine — e di cui, simmetricamente, queste pagine sono la dilatazione, il "corpo" — va dal riconoscimento, dall'accertamento della ferita, qualunque essa sia (e prima ancora dalla sua ricerca, anzi dalla ricerca del corpo che l'ha inferta), alla sua cicatrizzazione simbolica, al rito del suo disseccamento nella pratica del linguaggio.

Ma in una poesia, si sa, il tempo non esiste, o meglio non esiste la "freccia" del tempo, la sua irreversibilità, così come non esiste nei sogni; ed ecco, allora, che la traiettoria appena descritta può essere vista (anzi, è senz'altro vista nella realtà della lettura) anche nel senso opposto, cioè secondo la direzione che porta

the direction that brings one from the scar of the wound to the discovery of the wound, of the normalizing of pain and its advent. In each text of poetry, after all, the invention of the cross is at the same time both the point of arrival (and the point of departure of each possible metaphor of the passion).

A discreet connoisseur of Italian poetry of this century will quickly see in Ruffilli's verses the continuity of a noble tradition, made of refined poverty, of contracted music, up to the extreme limit of inaudibility, which reaches its high point in the poetry of Giorgio Caproni; and he will think, then, of certain tangents, even thematic, between the present story in *Camera oscura* and the unforgettable story of Annina in *Seme del piangere.* But just as easy, and certainly owed, will be to watch how Ruffilli works on his verbal and sentimental material with a sort of tenacity and "scientific" impassibility, which is not Caproni's regarding how the very stillness of the photographic image constitutes a "moving" and formal correlative.

More than these heraldic divagations, however, what counts is the within of Ruffilli's work, his internal and obsessive coherence. I believe Ruffilli has many reasons, and certainly all the rights, to lay claim, as center of his search, to cite a fragment, "the datum, but not/memory or nostalgia." The datum, the sign, certainly, rendered, in judgment, as of minerals, like found fossils of another era, the ancient or future era of pain.

— Giovanni Raboni

dalla cicatrizzazione della ferita alla scoperta della ferita, dalla normalizzazione del dolore al suo avvento. (In ogni testo poetico, del resto, l'invenzione della croce è al tempo stesso il punto d'arrivo e il punto di partenza di ogni possibile metafora della passione.)

Un discreto conoscitore della poesia italiana di questo secolo non tarderà a riconoscere nei versi di Ruffilli la continuità di una nobile tradizione, fatta di povertà raffinata, di musica contratta, sino al limite estremo dell'udibilità, che ha il suo riferimento più alto nella poesia di Giorgio Caproni; e penserà, allora, a certe tangenze anche tematiche fra il romanzo famigliare presente nella *Camera oscura* e l'indimenticabile romanzo di Annina nel *Seme del piangere*. Ma altrettanto facile, e certo doveroso, sarà avvertire come Ruffilli operi sulla sua materia verbale e sentimentale con una sorta di tenacia e impassibilità "scientifica" che non è di Carponi e rispetto alla quale la fissità propria dell'immagine fotografica costituisce, insieme, un "movente" e un correlativo formale.

Più di queste divagazioni araldiche, tuttavia, conta l'in sé del lavoro di Ruffilli, la sua interna e ossessiva coerenza. Credo che Ruffilli abbia molte ragioni, e certamente tutti i diritti, di rivendicare come centro della sua ricerca, per citare un suo frammento, "il dato, ma non / memoria o nostalgia." Il dato, il segno, certamente — resi, nella pronuncia, quasi minerali, come reperti fossili di un'altra era, l'era antichissima o futura del dolore.

— Giovanni Raboni

About the Poet

Born in 1949, PAOLO RUFFILLI attended the University of Bologna, where he studied modern literature. After a period of teaching high school, he became editor with the Milanese publisher Garzanti, and is presently the general editor of Le Edizioni del Leone in Venice. As an editor, he has not only supported contemporary poetry but also shown a scholarly interest in the Italian literature of the nineteenth century, preparing editions of the *Operette Morali* of Giacomo Leopardi, Ugo Foscolo's translations of Laurence Sterne's *Sentimental Journey*, and *Le confessioni d'un italiano* by the poet, novelist, and patriot Ippolito Nievo. Ruffilli has also written a biography of Nievo. He has published criticism in a number of periodicals, and is the regular literary critic of the Bolognese daily *Il Resto del Carlino.*

Ruffilli has published more than two dozen books of poetry, fiction, essays, and translations. Poetry: *La quercia delle gazze* (Forum, 1972), *Quattro quarti di luna* (Forum, 1974), *Notizie dalle Esperidi* (Forum, 1976), *Piccola colazione* (Garzanti, 1987; American Poetry Prize), *Diario di Normandia* (Amadeus, 1990; Premio Montale and Premio Camaiore), *Camera oscura* (Garzanti, 1992; Premio Dessì), *Nuvole* (with photos by F. Roiter; Vianello Libri, 1995), *La gioia e il lutto* (Marsilio, 2001; Prix Européen), *Le stanze del cielo* (Marsilio, 2008; Premio Rhegium Julii), *Affari di cuore* (Einaudi, 2011). Fiction: *Preparativi per la partenza* (Marsilio, 2003; Premio delle Donne); *Un'altra vita* (Fazi, 2010); *L'isola e il sogno* (Fazi, 2011). Essays: *Vita di Ippolito Nievo* (Camunia, 1991), *Vita amori e meraviglie del signor Carlo Goldoni* (Camunia, 1993); and numerous editions of Italian and foreign classics. Translations: K. Gibran, *Il Profeta* (San Paolo, 1989), R. Tagore, *Gitanjali* (San Paolo, 1993), *La Musa Celeste: un secolo di poesia inglese da Shakespeare a Milton* (San Paolo, 1999), *La Regola Celeste — Il libro del Tao* (Rizzoli, 2004).

His collection, *Piccola colazione* (1987) has enjoyed tremendous success, selling more than five thousand copies in a nation where a sale of one thousand copies for a book of poems is considered quite healthy. The volume has won numerous prizes and was the subject of both a television special and a radio broadcast. An evening devoted to *Piccola colazione* was also held at the 1988 Frankfurt Book Fair, with papers read in Italian, French, German, Spanish, and English. Ruth Feldmann and James Laughlin translated *Piccola colazione* as *Like It or Not,* which was published by Bordighera Press in 2007.

About the Translator

EMANUEL DI PASQUALE was born in Ragusa, Sicily, and emigrated to America in 1957. He earned a Master of Arts from New York University in 1966. His translations from the Italian include *Sharing a Trip*, by Silvio Ramat; *Infinite Present,* co-translated with Michael Palma; *The Journey Ends Here,* by Carlo della Corte; and *Between the Blast Furnaces and the Dizzyness,* by Milo De Angelis.

HELEN BAROLINI, *Crossing the Alps,* Vol. 65, Fiction, $14

COSMO FERRARA, *Profiles of Italian Americans,* Vol. 64, Italian American Studies, $16

GIL FAGIANI, *Chianti in Connecticut,* Vol. 63, Poetry, $10

PIERO BASSETTI AND NICCOLÓ D'AQUINO, *Italic Lessons,* Vol. 62, Ital. Amer. Studies, $10

G. CAVALIERI & S. PASCARELLI, EDS. *The Poet's Cookbook,* Vol. 61, Recipes/Poetry, $12

EMANUEL DI PASQUALE, *Siciliana,* Vol. 60, Poetry, $8

NATALIA COSTA-ZALESSOW, ED., *Bufalini,* Vol. 59, Poetry, $18

RICHARD VETERE, *Baroque,* Vol. 58, Fiction, $18

LEWIS TURCO, *La Famiglia/The Family,* Vol. 57, Memoir, $15

NICK JAMES MILETI, *The Unscrupulous,* Vol. 56, Humanities, $20

PIERO BASSETTI, PAOLINO ACCOLLA, NICCOLÒ D'AQUINO, *Italici: An Encounter with Piero Bassetti,* Vol. 55, Ital. Studies, $8

GIOSE RIMANELLI, *The Three-legged One,* Vol. 54, Fiction, $15

CHARLES KLOPP, *Bele Antiche Stòrie,* Vol. 53, Criticism, $25

JOSEPH RICAPITO, *Second Wave,* Vol. 52, Poetry, $12

GARY MORMINO, *Italians in Florida,* Vol. 51, History, $15

GIANFRANCO ANGELUCCI, *Federico F.,* Vol. 50, Fiction, $15

ANTHONY VALERIO, *The Little Sailor,* Vol. 49, Memoir, $9

ROSS TALARICO, *The Reptilian Interludes,* Vol. 48, Poetry, $15

RACHEL GUDIO DEVRIES, *Teeny Tiny Tino's Fishing Story,* Vol. 47, Children's Lit., $6

EMANUEL DI PASQUALE, *Writing Anew,* Vol. 46, Poetry, $15

MARIA FAMÀ, *Looking for Cover,* Vol. 45, Poetry, $12

ANTHONY VALERIO, *Toni Cade Bambara's One Sicilian Night,* Vol. 44, Poetry, $10

EMANUEL CARNEVALI, Dennis Barone, ed., *Furnished Rooms,* Vol. 43, Poetry, $14

BRENT ADKINS, ET AL., EDS. *Shifting Borders, Negotiating Places,* Vol. 42, Proceedings, $18

GEORGE GUIDA, *Low Italian,* Vol. 41, Poetry, $11

GARDAPHÉ, GIORDANO, AND TAMBURRI, *Introducing Italian Americana,* Vol. 40, Ital. Amer. Studies, $10

DANIELA GIOSEFFI, *Blood Autumn/Autunno di sangue,* Vol. 39, Poetry, $15/$25

FRED MISURELLA, *Lies to Live by,* Vol. 38, Stories, $15

STEVEN BELLUSCIO, *Constructing a Bibliography,* Vol. 37, Italian Americana, $15

ANTHONY J. TAMBURRI, ED., *Italian Cultural Studies 2002,* Vol. 36, Essays, $18

BEA TUSIANI, *con amore,* Vol. 35, Memoir, $19

FLAVIA BRIZIO-SKOV, ED., *Reconstructing Societies in the Aftermath of War,* Vol. 34, History, $30

TAMBURRI, ET AL., EDS., *Italian Cultural Studies 2001,* Vol. 33, Essays, $18

ELIZABETH G. MESSINA, ED., *In Our Own Voices,* Vol. 32, Ital. Amer. Studies, $25

STANISLAO G. PUGLIESE, *Desperate Inscriptions,* Vol. 31, History, $12

HOSTERT AND TAMBURRI, EDS., *Screening Ethnicity,* Vol. 30, Italian American Culture, $25

PARATI AND LAWTON, EDS., *Italian Cultural Studies,* Vol. 29, Essays, $18

HELEN BAROLINI, *More Italian Hours,* Vol. 28, Fiction, $16

FRANCO NASI, ED., *Intorno alla Via Emilia,* Vol. 27, Culture, $16

ARTHUR L. CLEMENTS, *The Book of Madness & Love,* Vol. 26, Poetry, $10

JOHN CASEY, ET AL., *Imagining Humanity,* Vol. 25, Interdisciplinary Studies, $18

VIA FOLIOS

A refereed book series dedicated to the culture of Italian Americans in North America.

*Published by Bordighera, Inc., an independently owned not-for-profit scholarly organization
that has no legal affiliation to the University of Central Florida and the John D. Calandra
Italian American Institute (Queens College, CUNY).*

www.ingramcontent.com/pod-product-compliance
Lightning Source LLC
Chambersburg PA
CBHW060404050426
42449CB00009B/1889